AF452208

DE TOSCANE, ST-MARIN

ET ÉGLISE

TIMBRES DES ÉTATS

DE

TOSCANE ET SAINT-MARIN

Par J. B. MOENS

ET

DES ÉTATS DE L'ÉGLISE

Par PIO FABRI

DEUXIÈME ÉDITION

Revue, corrigée et augmentée.

ILLUSTRÉ DE 31 GRAVURES SUR BOIS

BRUXELLES
AU BUREAU DU JOURNAL LE *TIMBRE-POSTE*
J. B. MOENS
7, GALERIE BORTIER, 7

1878

Tous droits réservés.

TIRÉ A CENT CINQUANTE EXEMPLAIRES

Nº 77

AVANT-PROPOS

Lorsque nous publiâmes (Timbre-Poste, n°s 170 et 172) l'histoire des timbres de Toscane, nous manquions totalement de renseignements sur la façon dont se faisait autrefois le service postal des chemins de fer de ce pays, en concurrence avec le service du gouvernement et sur la manière dont ces administrations percevaient la taxe des lettres; enfin, la partie fiscale des timbres du gouvernement provisoire de Toscane laissait à désirer. Nous sommes heureux d'avoir pu combler cette lacune et d'offrir aujourd'hui la révision de notre travail de

1877, en y ajoutant celui sur les tim=
bres de la petite république de Saint-
Marin et des États de l'Église, ce
dernier dû à la collaboration de notre
excellent correspondant, M. Pio Fabri.

Puissions=nous avoir réussi à con=
tenter nos lecteurs : ce sera notre ré=
compense.

J. B. M.

INTRODUCTION

*La Toscane est un ancien État souverain de
l'Italie centrale, borné au Nord par l'ancien duché
de Modène; à l'Ouest par la mer Tyrrhénienne;
au Sud et à l'Est par les anciens États de l'Église.*

*La superficie de la Toscane, comprenant la
Toscane proprement dite ou le Florentin, le Sien-
nois, le Pisan, les Présides, le duché de Lucques,
la principauté de Piombino, l'île d'Elbe, les anciens fiefs impériaux de Vernio, de Montauro et
de Monte-Santa Maria est de 23,308 kilomètres
carrés et 200 kilomètres de longueur sur 160 kilomètres de largeur. Sa population était en 1859 de
1,806,940 habitants. Capitale : Florence.*

*Dans l'antiquité, la Toscane formait la plus
grande partie de l'Etrurie ou Tuscie (c'est de
cette dénomination que lui est venu son nom moderne).*

*La confédération Etrusque ayant été dissoute
après la prise de Véies par les Romains, ceux-ci
restèrent maîtres du pays jusqu'à l'invasion des
barbares. Au IVe siècle, la Tuscie formait une*

province du diocèse d'Italie. Elle tomba successivement au pouvoir des Goths, des Lombards et
sous la domination franque. Charlemagne sou-
mit le pays à ses comtes qui prirent le titre de
marquis de Tuscie et restèrent vasseaux de l'empire. Florence, Pise, Sienne, Lucques s'affran-
chirent du joug impérial et se constituèrent en
États républicains indépendants.

Après diverses alternatives de tyrannie et de
démocratie, il se constitua à Florence une oli-
garchie d'abord sous l'aristocratique famille des
Abizzi (1382), puis sous la domination des Médicis
(1421). Sous les Médicis presque toutes les villes
de Toscane finirent par se soumettre à Florence.
En 1531 Alexandre Ier de Médicis prit le titre de
duc et son fils Cosme Ier, ayant obtenu de
Philippe II, roi d'Espagne, la cession des États
de Sienne, prit, en 1539, le titre de grand-duc de
Toscane.

Lorsque la famille de Médicis s'éteignit en 1737,
le duché de Toscane fut donné par le traité de
Vienne au mari de Marie-Thérèse d'Autriche, le
duc de Lorraine, qui en échange céda son duché
à la France.

En 1796, les armées de la république française

envahirent la Toscane. Napoléon Ier l'annexa à l'empire français. Après la chute de l'empire (1814) le grand-duc Ferdinand III, dépossédé en 1801, reprit possession de la Toscane à laquelle une disposition du traité de Vienne ajouta l'île d'Elbe, les Présides et Piombino. *Le duché de Lucques fut annexé en 1847.*

Lors des événements de 1848, le grand-duc Léopold II fut chassé de la Toscane et on y établit un gouvernement constitutionnel qui fut supprimé lorsque le grand-duc rentra avec l'appui des forces autrichiennes. En 1859 une révolution éclata en Toscane; le grand-duc fut obligé de quitter ses États, abdiqua le 21 juillet même année en faveur de son fils Ferdinand IV. Mais les Toscans n'ayant rien à gagner au change s'annexèrent aux États Sardes en 1860, par suite d'un vote national.

Depuis 1861, la Toscane fait partie du royaume d'Italie.

MONNAIES

Avant 1860, la Toscane employait :

La lira divisée en 12 crazie ou 20 soldi, ou 60
   quattrini . . . . fr. 0.83

Le crazia valait donc. 0.07

Le soldo 0.042

Le quattrino — 0.014

Depuis 1860 la lira italienne ou 100 centesimi . » 1.00

1 centesimo soit 0.01

PREMIÈRE PARTIE

TIMBRES DE TOSCANE

TIMBRES DE TOSCANE

Règne de Léopold II

I

A. TIMBRES-POSTE.

La convention postale conclue entre la Toscane et
l'Autriche, a pris effet le 1er avril 1851. A cette occasion l'usage du timbre-poste a été introduit en Toscane. La notification porte la date du 10 mars 1851 ;
voici ce qu'elle dit :

*Le chevalier commandeur Joseph Pistoj, Surin-
tendant général des postes, par suite des conventions
postales conclues et ratifiées le 5 décembre 1850 entre
les gouvernements de Toscane et d'Autriche, et en
conformité des ordres contenus dans la note du ministère des finances du 9 courant, publie les dispositions
suivantes à être mises en vigueur le 1er avril prochain.*

§ VII.

Mode de payement des taxes.

Art. 21. Les taxes fixées par les articles qui précèdent en ce qui concerne les correspondances échangées entre la Toscane et les États de la ligne postale Italo-Autrichienne, devront être payées par les expéditeurs moyennant l'application de timbres-poste sur les lettres ou plis, et en outre, pour les lettres chargées on devra appliquer au dos les timbres représentant la taxe de recommandation.

. . . .

Art. 23. Les taxes postales pour toute autre sorte de correspondances, seront payées argent comptant jusqu'à nouvelle disposition.

. . . .

§ VIII

Timbres poste.

Art. 25. Le timbre-poste Toscan est un rectangle de 23 millimètres de hauteur et de 29 en largeur, représentant le *marzocco* avec couronne Grand-Ducale; en bas, il y a l'indication de la valeur et autour, les mots : *franco bollo postale Toscano.*

Art. 26. On vend les timbres-poste dans les bureaux de poste, aux prix suivants :

De couleur jaune   à 1 sou (soldo).
—   rouge clair   2   soldi.
—   bleu ciel   — 2 crazie.
—   vert foncé   4 —
—   bleu   — 6 —

De la surintendance générale des Postes

Florence, 10 mars 1851.

Le Secrétaire général,

PAGNI.

II

Avant de poursuivre, voyons ce qu'est le *marzocco*, dont il est fait mention dans le document officiel que nous venons de lire. M. F. C. en a raconté l'histoire dans le *Timbre-Poste*, nᵒ 25, article que nous reproduisons ici avec plaisir.

« Ce lion, que les Florentins appellent le « *Marzocco* » était pour eux une espèce de Palladium [1] ; et quoiqu'il ne fût ni l'armoirie spéciale du peuple, ni celle de la commune de Florence, les Florentins se l'étaient tellement approprié, que dans quelques anciennes chroniques ils sont appelés *Marzocheschi*.

» On ignore l'étymologie du mot *marzocco*. M. Passerini dit que peut-être il dérive de quelque mot d'un latin barbare alludant à Mars, pour lequel les Florentins conservèrent, même après le triomphe du christianisme, une vénération superstitieuse. Tramater le fait dériver de l'hébreu *maze*, forme, apparence, aspect ; « *sciah hul* » *sciacal*, grand lion ; pendant que l'Académie de la Crupa donne au mot

1. Sans doute comme la Louve de Rome et les Ours de Berne.

marzocco la signification de « Lion peint ou sculpté.» De même que l'étymologie du mot, l'origine du marzocco se perd dans l'obscurité des temps. M. Passerini assure que le Lion était l'emblème national des anciens Étrusques; les Florentins l'unirent à leurs propres armoiries pour marquer qu'ils étaient les descendants de ce peuple et que Florence était la capitale de la nouvelle Étrurie.

» Lesleo, dans son *Histoire d'Écosse*, où il attribue à Guillaume, frère du roi de ce pays et allié de Charlemagne, la restauration de la ville et de la liberté de Florence, dit que les Florentins, en signe de reconnaissance, décidèrent, par une loi, que la République entretiendrait perpétuellement un certain nombre de lions, ces animaux étant dans les armes des rois d'Écosse. Mais on prétend que cette assertion se trouve réfutée par le fait bien connu que sous la persécution de Decius, vers l'an 250 de l'ère chrétienne, S. Miniato fut deux fois exposé aux bêtes féroces dans l'amphithéâtre de Florence. Mais quelle qu'en fût l'origine, il nous reste encore aujourd'hui une preuve de cette prédilection pour le roi des animaux, dans le palais de la Signoria, que le gouvernement florentin fit construire en 1298. La magnifique tour de ce palais fut appelée : « La tour des lions. » La cloche majeure reçut le même surnom. On mit un lion de fer sur la tour; deux autres, en pierre, de

chaque côté de l'entrée principale et un à chacun des
quatre angles du palais; ce qui prouve que l'on attachait déjà une grande importance à cet emblème
favori. Mais le marzocco traditionnel est celui qui
était placé devant le palais, sur le balcon d'où la
Signoria haranguait le peuple et recevait les hom-
mages des villes sujettes au pouvoir de Florence. Il
était en pierre, assis sur les pattes de derrière et
soutenait avec celles de devant les armes de la ville.

« Celui que l'on trouve imprimé sur les timbres-
poste lui est tout à fait semblable, excepté qu'on voit
le blason de côté, tandis qu'il le tenait de face. De
plus, le marzocco du balcon n'avait pas la couronne
royale, qu'on lui mettait seulement dans les grandes
fêtes; pendant ce temps on ne pouvait arrêter pour
dettes, fait assez remarquable pour une ville aussi
manufacturière que Florence. La couronne était d'or,
émaillée de blanc et de rouge. Sur la bande on lisait :

> *Corona porto per la patria degna*
> *Acciocchè liberti ciascun sostegna.*
> « Je porte une couronne digne de la Patrie
> « Afin que chacun soutienne la Liberté.

« De même on lisait au-dessus d'un marzocco, au
bas de l'escalier du palais du Potesta, bâti à peu près
vers la même époque, ces mots :

> *Si leo sum quis non tenebit.* »

et l'on pense qu'ils forment le vrai motto du marzocco.

» Mais pour en revenir à l'original, il est resté en
place jusqu'à ce que l'on ait démoli le balcon, en
1812, quand on s'est vu forcé d'ôter celui-ci, parce
qu'ayant été frappé de la foudre en 1543, il tombait
en morceaux. On l'a remplacé par un très-beau
marzocco, sculpté par le fameux artiste Donatello,
dans le XIV⁰ siècle.

» Comme j'ai eu occasion de le faire remarquer
plus haut, la République avait un tel respect pour
les lions, que non-seulement elle en faisait mettre les
images sur les constructions publiques, mais depuis
un temps très-reculé et dont on n'a pas mémoire cer-
taine, elle nourrissait plusieurs de ces animaux et
attachait une telle importance à cet entretien qu'elle
y dépensait 2,400 florins par an, alors que la Signoria
ou gouvernement n'en coûtait que 3,600. Le gardien
des lions appartenait toujours à la classe la plus
élevée des citoyens et jouissait de beaucoup de pri-
vilèges pendant le terme de son office.

» Dans les premiers temps où l'on fit mention de
cette coutume (avant l'an 1200) on tenait les lions
dans une tour du palais de l'ancienne famille Adimari;
de là on les transporta dans un local construit tout
exprès, voisin du palais de la Signoria, et qui donna
à la rue où il se trouvait, le nom de *Via dei Leoni*.

C'est de cet endroit, dit la chronique Malespini, qu'un jour s'échappa l'un des lions : ayant trouvé sur son chemin un petit enfant, il l'emportait à la vue des spectateurs effrayés, quand la mère, animée d'un courage désespéré, s'élança vers la bête féroce et lui arracha de la gueule son fils unique. La République adopta l'enfant, lequel, devenu homme, sut mériter par ses talents et ses vertus une position distinguée parmi ses concitoyens. Le peuple l'appela « *Orland du Lion* » et de lui est venue la famille *Leoni*, encore comme de nos jours.

» Ce n'est pas là le seul fait que rapporte la chronique florentine pour démontrer la générosité du lion. — Il Migliore raconte qu'un jeune gardien étant tombé dans la cage d'un lion, non-seulement celui-ci ne lui fit aucun mal, mais encore lui témoigna qu'il prenait plaisir à sa compagnie.

» Si l'on en excepte quelques rares représentations, les Florentins ne faisaient aucun usage de ces animaux, de sorte qu'il faut conclure qu'ils les entretenaient uniquement par un sentiment de superstition. Aussi est-il vrai que lorsqu'il naissait un lionceau ils s'en réjouissaient publiquement, l'événement étant considéré comme de bon présage pour la ville, de même que la mort d'une de ces bêtes était de fâcheux augure. Et telle était l'importance attachée à ces faits, que les chroniqueurs du temps en font toujours mention. Villani raconte qu'en 1331 il naquit deux jeunes lions et quatre ans plus tard, six : événements qui, selon lui, présageaient « magnificence » à la ville et « prospérité » à la commune. Minerbetti dit qu'en 1351 il y eut une mêlée parmi les lions, dans laquelle une grosse lionne, qui avait eu plusieurs lionceaux à Florence, resta morte.

» Quant au nombre de ces animaux, Goro Dati assure qu'il augmentait presque toutes les années et que de son temps il y en avait vingt-quatre. En 1555, la ménagerie fut transportée près la place S. Marco, où elle est restée jusqu'en 1777, époque où se perdirent à la fois cet usage et le préjugé qui lui avait donné naissance.

» On ne sait pourquoi cet emblème, propre à la ville de Florence et de tradition républicaine, a été placé sur les timbres poste au lieu de l'effigie ou des armoiries souveraines : le fait est qu'il le fut. »

Quant à la fleur de lis que renferme l'écu sur lequel le lion se trouve appuyé, M. J. Vandermaelen (1) se charge de nous expliquer sa présence :

« Cette fleur de lis, dit-il, figurait sur la bannière de Florence, quand les Guelfes l'emportèrent, la fleur de lis était rouge en champ blanc, tandis que les Gibelins l'avaient déployée blanche en y joignant l'aigle noire de l'Empire. »

1.Essai historique sur les armoiries, cris d'armes et devises.

III

Émission du 1er avril 1851.

Lion couronné (*Marzocco*) tourné à gauche, appuyant la patte droite sur un écu avec fleur de lis. Dans le cadre, l'inscription : *Franco Bollo Postale Toscano* (1). Impression typographique sur papier azuré. Chaque feuille porte en filagramme trois couronnes en largeur et quatre en hauteur, elles sont séparées entre elles par cinq lignes horizontales (voir le dessin); elle contient 15 rangées verticales de 16 timbres, soit 240.

1 soldo, jaune, jaune-olive, jaune-verdâtre.

2 soldi, rouge clair, brique, rouge-vin.

2 crazie, bleu-verdâtre, bleu pâle et vif.

4 — vert foncé, vert-jaune, vert pâle.

6 — bleu foncé, bleu-ardoise, bleu.

(1) Timbre d'affranchissement de poste de l'oscane.

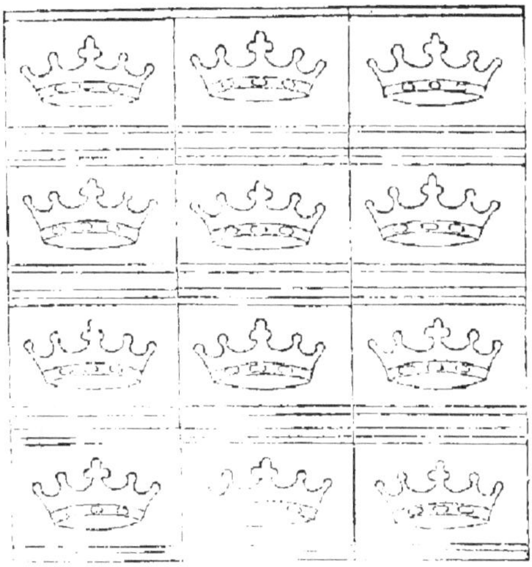

Le papier des timbres de Toscane était fourni par MM. Cici frères de S.-Marcello Pistojise et contrôlé par un chancelier du tribunal. Le papier était ensuite remis à la surintendance générale des postes toscanes, où l'imprimeur grand-ducal tenait une presse à imprimer les timbres.

Le tirage s'exécutait en présence d'un employé de confiance qui devait rendre compte de la quantité de papier qui lui était confié.

Le type a été gravé à Florence et les planches proviennent de la fonderie de MM. Allessandri.

L'usage de ces timbres a été limité au début, aux correspondances échangées entre la Toscane et les États confédérés dans la ligne postale Italo-Autrichienne.

— 24 —

IV

Une modification ayant été introduite à l'affranchissement des lettres, de nouveaux timbres furent créés, ainsi qu'il résulte du renseignement ci-après :

Le chevalier commandeur Joseph Pistoj, Surintendant général des postes royales, en suite des ordres contenus dans la note du ministère des finances du 25 courant, notifie au public les changements qui se vérifieront dans l'échange des correspondances entre la Toscane et d'autres États étrangers à partir du 1er juillet prochain, en conséquence de la convention postale conclue entre la Sardaigne et la France, le 9 novembre 1850, dont la mise en vigueur a été fixée au jour susdit.

. . . .

« ART. 13. Les taxes établies par les articles qui précèdent pour les correspondances ordinaires, pourront être payées moyennant l'application de timbres-poste de cette administration, et par les expéditeurs, sur l'adresse des lettres avant de les jeter aux boîtes postales.

. . . .

» ART. 15. Pour faciliter au public le payement des droits postaux, par ce moyen, qui le rassure de l'affranchissement de ses correspondances, en lui accordant le droit de les mettre à la boîte et à l'heure qu'il préfère, ont été créées deux nouvelles catégories de timbres-poste, soit de 1 crazia rouge-carmin et de 9 crazie, violet, lesquels seront débités par les bureaux principaux de la poste du Grand-Duché.

» De la surintendance générale des postes royales. »

Florence, le 25 juin 1871.

Le Secrétaire général,

JOSEPH PAGNI.

Émission du 1ᵉʳ juillet 1851.

Semblables aux timbres précédents et imprimés
sur le même papier.

1 crazia, rouge-carmin, rouge, rouge brun.
9   violet pâle et foncé, violet rougeâtre

La faculté d'affranchir avec des timbres-poste, fut
élargie aux correspondances avec la France par une
notification du 20 septembre 1851, article 21, à partir
du 1ᵉʳ octobre 1851. Enstate avec la Sardaigne en
vue de la convention arrêtée à Florence le 28 avril
1852, mise en vigueur le 1ᵉʳ avril même année.

VI

Émission du 1ᵉʳ septembre 1852.

Une ordonnance ministérielle en date du 12 août 1852, annonce la création d'une nouvelle valeur, 1 quattrino noir, « en vue de faciliter l'affranchissement des journaux. »

Ce timbre a été mis en circulation le 1ᵉʳ septembre 1852. Même type et même papier que les autres valeurs précédentes :

1 quattrino, noir.

— 28 —

VII

Émission du 1ᵉʳ novembre 1852.

Un timbre de 60 crazie fut émis pour l'expédition des lettres pour l'étranger. Il est imprimé sur le même papier et au même type que les timbres précédents :

60 crazie, rouge-brun.

Voici un document où il en est question :

Le chevalier marquis Jérôme Bartolommei, bam-billan de S. A. I. et R. le Grand Duc et Surinten dant général des postes royales, en vue des ordres contenus dans la note estimée du ministère des Finances du 1ᵉʳ octobre courant, notifie au public, qu'à partir du 1ᵉʳ novembre prochain, on devra observer pour l'affranchissement des correspondances, les dispositions suivantes :

« 1º Dans tous les bureaux de postes du Grand-Duché, royaux et communaux, l'affranchissement des correspondances argent comptant est interdit.

« 2º Les droits d'affranchissement devront par contre être payés moyennant l'application aux correspondances, de timbres-poste d'une valeur suffisante a les affranchir, en conformité des conditions contenues dans le tarif général du 1er juin 1852, qui demeure affiché dans tous les bureaux de postes.

» 3° Les correspondances munies de timbres-poste sont jetées dans les boîtes postales, de même que celles non affranchies ; font exception seulement les lettres chargées, lesquelles doivent toujours être remises aux employés des postes, contre reçu.

» 4° Si les timbres apposés aux correspondances en vue de les affranchir, n'ont pas la valeur suffisante, elle sera perdue pour l'expéditeur et les correspondances traitées comme si elles n'étaient pas affranchies.

» 5° Sont exceptées : les correspondances pour l'intérieur du grand-duché sur lesquelles, en calculant les timbres-poste apposés, on notera le montant qui manque à payer par le destinataire au bureau de distribution.

» Les fractions de crazia, contenues dans le montant manquant à constituer la taxe, seront calculées comme une crazia.

» Dans tous les bureaux royaux de poste, de même que ceux communaux, qui frappent du timbre à date les correspondances à l'arrivée et au départ, seront débités les timbres-poste aux prix suivants :

Couleur noire,	a quattrino	1
— jaune,	a soldo	1
— rouge-carmin, crazia		1
— ciel	—	2
— vert foncé,	—	4

Couleur azur,   à crazie   6
     —   violet.   —   9
     —   rouge-brun   —   60

» Le public a tous droits de demander aux employés postaux, toutes sortes de renseignements et éclaircissements dont il peut avoir besoin, pour se rassurer de ne point avoir commis d'erreur dans l'application des timbres-poste. »

De la surintendance générale des postes royales.

Florence, le 22 octobre 1852.

Le Secrétaire général,

Joseph Pagni.

Le 2 soldi qui manque à la nomenclature des timbres énumérés plus haut, a été supprimé en suite de l'interdiction survenue le 1er novembre 1852 d'affranchir les correspondances argent comptant, jusque-là admis pour quelques-unes, ce qui rendait ledit timbre 2 soldi complétement inutile, cette valeur pouvant être représentée par deux timbres à 1 soldo ou par un timbre 1 crazia et 1 quattrino.

VIII

Émission de . . . . . . 1853 (?).

A une époque que nous ne saurions préciser, le papier prend une nouvelle teinte ; au lieu d'être azuré, il est mi-blanc. Le filagramme ne change pas.

Nous avons :

1 quattrino, noir.
1 soldo,   jaune-orange.
2   —   brique.
1 crazia,   rouge-carmin.
2   —   bleu, bleu-verdâtre.
4   —   vert foncé.
6   —   bleu, bleu ardoise.
9   —   violet pâle.

Nous n'avons pas rencontré, sur ce papier, de timbre 60 crazie ; le seul exemplaire qu'on nous ait montré, timbre signalé par un de nos confrères, avait été mis à l'eau de javelle, probablement pour faire disparaître des traces d'encre, opération qui avait rendu le papier blanc, d'azuré qu'il était. Le peu d'emploi de ce timbre fait supposer qu'il n'a pas existé sur papier mi-blanc.

I X

Émission de ... 1853.

Le seul changement apporté ici, consiste dans l'impression qui a lieu sur papier blanc, portant en filigramme des lignes verticales ondulées croisées et l'inscription : I. I. R. R. Poste Toscane en oblique dans la boucle (voir le dessin page 33).

De cette émission nous avons vu le 2 crazie obblitéré : *mars 1853*. La série se compose des suivants :

    1 quatrino, noir.

    1 soldo, jaune-orange et orangé pâle

    1 crazia, rouge carmin, rose, rouge

    2   —   bleu-vert, bleu-clair et foncé

    4   —   vert-pâle et foncé

    6   —   bleu, bleu-foncé, bleu-vert

    9   —   brun-violet clair.

Il a été signalé un timbre sur papier pelure blanc que nous n'avons pu contrôler :

      6 crazie, bleu-clair

Tous ces timbres eurent une date unique de suppression : 31 *décembre* 1859.

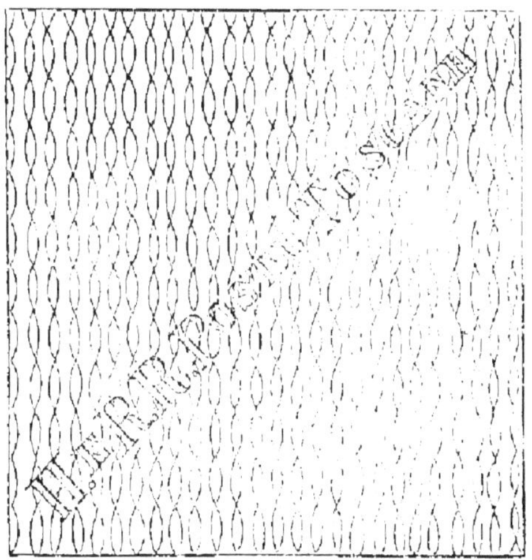

Essais. Ils sont imprimés sur papier de couleur uni

2 crazie, noir sur vert.
2 — — jaune.
2 — — bleu-foncé.
2 — — azur.
2 — — lilas
2 — — carmin-vif.
2 — — chair.

M. Philbrick possède dans son incomparable
album, un groupe de quatre timbres disposés en
carré, dont deux plus élevés à droite que les pre-

ainsi : la place destinée à la valeur, est restée blanche;
impression couleur sur papier bleu uni.

Sans valeur, noir.

Dans la même collection on trouve un groupe semblable, mais avec timbres placés régulièrement et
marqués à la plume d'un chiffre 2 (?).

4 crazie, noir sur blanc uni.

Nous avons encore le 1 quattrino, imprimé sur papier au filagramme des timbres 1851, mais de couleur
gris-jaunâtre.

1 quattrino, noir sur gris-jaunâtre.

Des épreuves de mise en train existent pour le
1 quattrino. L'impression est double face :

1 quattrino, noir sur blanc.
1 — — clair.

Réimpressions. Elles datent de 1864 ; le papier est
blanc uni, ce qui établit une différence marquante
avec les timbres authentiques.

1 quattrino, noir.
1 soldo, orange-pâle et foncé, jaune-pâle.
2 soldi, brique.
1 crazie, rouge, rouge-brun, rouge-pâle.
2 — bleu-vert-pâle et foncé.
4 — vert, vert-vif.
6 — bleu-vif, bleu-terne, bleu-ardoise.
9 — brun-violet.

En 1866 on essaye d'approprier certains clichés, pour en faire des 2 soldi et 60 crazie, en les imprimant sur le papier officiel de 1851.

Le tirage est défectueux, empâté. Les chiffres et lettres sont différents : le 60 a les chiffres de 3 ^{mm} au lieu de 2 1/2 ; *crazie* est plus gras et mesure 9 1/2 ^{mm} au lieu de 9.

2 soldi, rouge-sang.

60 crazie, rouge-brique.

X

On peut rencontrer des timbres oblitérés d'une marque noire, ronde, ayant au centre la date du jour et du mois de leur emploi et l'inscription autour : *Feldpost*. N° 1 (cette marque ne varie probablement).

Une marque allemande sur des timbres toscans, est au moins singulière. Voici ce que nos renseignements nous ont appris à ce sujet :

Les troupes autrichiennes ayant dû occuper, en 18.., la Toscane, afin d'y maintenir le Grand-Duc et réprimer les émeutes, avaient établi à Florence un bureau de poste militaire. Ce bureau avait ses courriers, ses dépêches à part, en un mot il n'avait rien de commun avec la poste de Toscane. Il a cessé d'exister le 5 mai 18..

Ce timbre « Feldpost » aurait été demandé à la direction supérieure des postes impériales Lombardo-Vénitiennes à Vérone, par le bureau militaire de Florence, le 11 juillet 18.. ; la direction supérieure en référa à la direction générale des communications

1 Poste de campagne.

à Vienne qui donna ordre de fournir ledit timbre *feldpost*.

Il en résulte que l'administration militaire autrichienne avait établi en Toscane un bureau de poste pour l'envoi des correspondances en Autriche, mais cela n'explique guère la présence de la marque employée par ce bureau, sur des timbres Toscans, a moins que les troupes autrichiennes n'aient été appelées, un de ces jours d'émeute, à faire momentanément le service de la poste du gouvernement Toscan.

Les deux seuls timbres oblitérés de cette façon, rencontrés par nous, sont de même valeur : 4 crazie, vert sur azur (1851) et portant la date $\frac{3}{4}$ et $\frac{12}{4}$.

XI

B. TIMBRES FISCAUX.

La création des timbres fiscaux fut provoquée en Toscane par le duché de Parme, qui imposait, à leur entrée, les journaux politiques du Grand-Duché. C'est par représailles que des timbres furent émis : voici dans quelles circonstances :

Le 23 janvier 1854, la surintendance de Florence adresse à la direction générale des postes de Parme, des réclamations au sujet d'imprimés affranchis qui auraient été surtaxés : Le *Moniteur* du 31 décembre, affranchi par le timbre 1 soldo, se voit, entre autres, taxé du timbre de 9 centimes, contrairement au paragraphe 6 de la convention du 5 novembre 1850.

Le 29 janvier, même année, la direction des postes de Parme répond que l'application du timbre de 9 centimes ne provient pas d'un caprice, mais qu'elle y est autorisée par les paragraphes 3, 20, 21, 22 de la loi du 6 septembre 1850.

La surintendance de Florence, par une lettre du 1er février, prétend que la surtaxe de 9 centimes est en opposition à l'art. 6 et 13 de la convention fondamentale de la ligue postale Italo-Autrichienne ; les paragraphes 3, 20, 21, 22 susdits ne peuvent y déroger ; elle espère que la direction des postes reviendra sur sa décision de surtaxer les journaux, si elle ne veut qu'elle en fasse part au gouvernement supérieur.

Le 12 février, la direction des postes de Parme s'étant référée au ministre des finances, envoie la réponse de ce dernier. Elle est ainsi conçue :

« La taxe à 9 centimes pour chaque exemplaire de journal, est fondée sur les paragraphes 3, 20, 21 et 22 de la loi provisoire autrichienne du 6 septembre 1850, adoptée par le gouvernement de Parme, en force du traité de ligue douanière Austro-Estense-Parme, signé à Vienne, le 9 août 1852.

» Cette loi ne doit pas être confondue avec la convention fondamentale entre l'Autriche et les différents États de l'Italie, pour laquelle restent en vigueur les dispositions des articles 6 et 13.

» Le premier de ces deux articles se réfère aux correspondances, le second aux imprimés ; mais l'un aussi bien que l'autre, fixent les taxes postales du port et sont choses bien différentes que la taxe qu'on applique aux gazettes politiques étrangères, laquelle, ainsi qu'il a été dit, est perçue en vertu d'une ligue spéciale.

» En effet le paragraphe 24 susdit de la loi du 6 septembre 1852 est ainsi conçu, savoir :

» La taxe pour les gazettes étrangères qui parviennent au destinataire par l'entremise de l'administration postale, est payée en même temps que le port, c'est-à-dire ce qui est déterminé par la convention fondamentale postale Austro-Italienne.

» Elle pourra faire observer tout cela à la surintendance des postes de Toscane en ajoutant qu'aucun autre des Etats unis dans la ligue, par cette convention, n'a trouvé d'exception à cet égard. »

Signé : le ministre Amelio ONESTI.

La surintendance des postes de Florence fait part, le 14 février 1854, de cette réponse, au Président du Conseil des ministres et se décide à écrire officieusement à ce sujet, le 18 mars, à M. le Chevalier Lanoni, conseiller ministériel et Directeur supérieur des postes Royales Impériales Lombardo-Vénitiennes à Vérone ; celui-ci n'ayant fait que confirmer la lettre du ministre Amelio Onesti de Parme, la surintendance des postes de Florence en informe le Président du conseil des ministres, le 1er avril 1854, observant qu'elle trouverait juste d'établir la réciprocité, moyennant une disposition qui soumet à un droit de timbre les journaux politiques. La perception pourrait se faire moyennant l'application de timbres gommés, faits expressément, et qui, sur demande,

seraient passés par l'administration du timbre à celle
des postes, contre payement.

Par conséquent, elle propose que le droit de timbre pour les journaux politiques étrangers, représente le double de celui fixé par l'art. 30 du 3e § du
Décret Souverain, sur la taxe de timbre, du 23 février
1850, pour les journaux politiques qui s'impriment
dans l'intérieur. De cette façon, le droit de timbre
égalerait le 9 centimes et 2 carantani perçus dans les
autres Etats et nominalement dans ceux d'Autriche,
de Parme et de Modène.

Cette proposition ayant été adoptée, donne lieu au
décret suivant :

Nous, LÉOPOLD II,
Par la Grâce de Dieu,
Prince Impérial d'Autriche, etc.

Ayant été reconnue l'opportunité d'assujettir, même en
Toscane, comme autre part, les journaux et feuilles périodiques provenant de l'étranger, à une surtaxe payable à l'acte
de la consigne (?) ;

Oui notre Conseil des ministres,

Avons décrété et décrétons ce qui suit :

ART. 1er. A partir du 1er octobre prochain, tous les journaux et feuilles périodiques qui se publient à l'étranger, et
qui s'introduisent en Toscane, seront frappés d'une surtaxe
de 2 sous, comme timbre extraordinaire, à être perçue par
les bureaux de poste pour compte de l'administration d'enregistrement et agences réunies.

Art. 2. Pour la perception de ladite taxe, on apposera au journal ou feuille périodique, un timbre spécial, indiquant en chiffre, le montant de la taxe, laquelle sera perçue à l'acte de la consigne (?) du journal ou feuille susdits.

Art. 3. Sont exempts de cette taxe, les journaux ou feuilles périodiques qui émanent de pays où de semblables publications Toscanes ne sont pas soumises à autre taxe, pour un titre quelconque, en outre de celle déterminée par les conventions postales respectives.

Art. 4. Notre Ministre Secrétaire d'État, pour le Département des Finances, du Commerce et des Travaux publics, est chargé de l'exécution du présent décret.

Donné à Florence, le 21 août 1854.

LÉOPOLD.

Vu le Président du Conseil des Ministres,
    Ministre Secrétaire d'État,
Pour le Département des Finances, du Commerce
    et Travaux publics,

Joseph Baldasseroni

Le 23 août, le ministre des finances fait part à la surintendance des postes, que le Grand-Duc a approuvé la forme du timbre proposé ; que ces timbres seront livrés par la Direction générale d'enregistrement à l'administration des postes, laquelle payera 2 sous par chaque timbre, à l'exception de ceux qui, mis au rebut, n'auraient pas été employés. Pour ceux qui jouissent de la franchise illimitée, on ne fera pas usage du timbre.

X I I

Emission du 1er octobre 1854.

Chiffre-valeur dans un double cercle portant : *Bollo staordinario per le poste* (1). Impression noire sur papier pelure blanc-grisâtre :

2 soldi, noir.

Réimpression. Il en a été imprimé sur papier blanc uni épais :

2 soldi, noir.

La suppression de la taxe sur les journaux a eu lieu, le 18 novembre 1859, dans les termes suivants :

Régnant
Sa Majesté Victor-Emmanuel.
Le Gouvernement royal de la Toscane,

« Vu les articles 28, 29 et 30 de la loi du 23 février 1851 qui imposent les journaux d'un timbre spécial extraordinaire, et en règlent la taxe en raison de leur dimension ;

» Vu l'art. 36 de la même loi par lequel sont déclarés exempts de la taxe du timbre les journaux scientifiques et

____

(1) Timbre extraordinaire pour la poste.

littéraires et autres feuilles périodiques traitant de sciences. lettres et arts ;

» Décrète.

» ART. UNIQUE. Tous les journaux, gazettes et autres feuilles périodiques, de même que leurs suppléments, sont déclarés exempts de la formalité et de la taxe du timbre. quelle que soit la matière qu'ils traitent et leur dimension.

» Le Ministre des finances, du commerce et des travaux publics et celui de la justice et grâces, sont chargés. chacun en ce qui les concerne, de l'exécution du présent décret. »

Donné à Florence, le 18 novembre 1859.

Le Président,   Le Ministre,
Signés : B. RICASOLI,   BUSACCA.

XIII

Gouvernement Provisoire.

A. TIMBRES-POSTE.

« Le 27 avril 1859, dit M. N. Rondot (1), un mouvement populaire éclata à Florence, et le grand-duc Léopold II quitta ses Etats. Un gouvernement provisoire fut formé, et le roi Victor Emmanuel proclamé dictateur. Une assemblée nationale fut réunie à Florence, le 7 août ; elle vota, le 16, la déchéance de la maison de Lorraine, et, le 20, l'annexion à la Sardaigne. En décembre 1859, la Toscane et les Etats de l'Emilie formèrent une Confédération de l'Italie centrale. Le peuple toscan, le 11 mars 1860, et le Parlement sarde, le 13 avril, votèrent l'annexion à la Sardaigne. »

Un des premiers soins du gouvernement provisoire fut de modifier le tarif postal de la Toscane ; les lettres affranchies furent fixées à 10 centimes par 10 grammes et de nouveaux timbres furent créés, ainsi qu'il résulte du document ci-après :

(1) *Magasin pittoresque*, 1864, page 295.

Régnant

S. M. Victor-Emmanuel.

Le Gouvernement royal de la Toscane

Décrète :

. . . .

ART. 3. Pour les lettres expédiées d'un endroit à l'autre de la Toscane, la taxe sera réglée en raison du poids comme ci-après :

Pour une lettre simple, 10 grammes, cent. 10.

10 à 20	inclusivement,	—	20.
20 à 30	—	—	30.
30 à 40	—	—	40.
40 à 50	—	—	50.

Pour les lettres qui excèdent le poids de 50 grammes, on ajoute le prix d'une lettre simple, centesimi 10, pour chaque 50 grammes ou fraction de 50 grammes.

ART. 4. Le prix pour le port des lettres, à être distribuées dans le district postal du bureau d'importation, sera la moitié du prix fixé par l'article précédent.

. . . .

ART. 9. Les gazettes, journaux et œuvres périodiques de tout genre sont frappés d'une taxe d'un centime pour chaque exemplaire non excédant le poids de 40 grammes ; de 40 à 80 gr. la taxe sera de deux centimes ; de 80 à 120 grammes de trois centimes et ainsi de suite en ajoutant un centime pour chaque 40 grammes ou fraction de 40 grammes.

. . . .

ART. 24. Les taxes pour l'affranchissement total ou partiel des correspondances de toute espèce, ainsi que pour leur

chargement, devront toujours être payées par les expéditeurs, moyennant l'application, du côté de l'adresse, des timbres-poste d'une valeur équivalente, après quoi, s'il n'est
pas question de lettres chargées, elles seront jetées dans
les boîtes postales.

. . . .

Art. 26. La fabrication des timbres-poste appartient exclusivement à l'administration des postes.

Art. 27. La vente des timbres-poste a lieu dans les bureaux
de poste et chez les débitants patentés par l'administration
des postes, au pair de leur valeur nominale.

Art. 28. Les timbres seront de six prix distincts, soit

de   1 centime, de couleur violet.

     5   —   —   vert foncé.

   10   —   —   fuligineux (?).

   20   —   —   azur.

   40   —   —   rouge.

   80   —   —   orange.

   3 lire italiennes. —   jaune.

Art. 29. Le timbre postal toscan est un rectangle de
25 millimètres de hauteur et 19 de largeur, représentant
les armoiries de Savoie ; au bas, il y a l'indication du prix
et aux trois autres côtés, les mots : *franco bollo postale
Toscano.*

Art. 30. Quiconque falsifie les timbres-poste ou de toute
façon aide avec fraude l'œuvre de la falsification, sera
soumis à la peine de un mois à une année.

. . . .

Art. 48. La présente sera mise en vigueur le 1er janvier
1860 et à partir de cette date, seront considérés comme

abrogés tous les lois et règlements antérieurs qui se trouveraient en contradiction à ce qui est disposé en celle-ci.

Art. 49. Les ministres des Finances, du Commerce et des Travaux Publics et ceux de Grâce et Justice sont chargés de l'exécution de la présente loi.

Donné à Florence, le 28 novembre 1859.

Signés : B. Ricasoli.
E. Busacra.
E. Poggi.

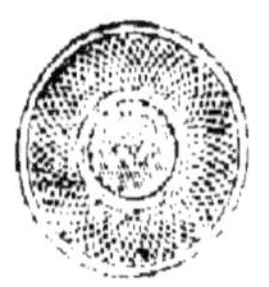

X I V

En Toscane il n'y avait pas de loi attribuant à l'État le monopole du transport des correspondances. Ce transport était libre, et les compagnies des chemins de fer, profitant de cet état de choses, avaient formé une administration des postes particulière qui faisait concurrence à celle de l'État. Il n'en est plus de même aujourd'hui : la loi du 5 mars 1860 a donné au gouvernement le privilége des postes tant en Toscane que dans les autres provinces.

Les compagnies des chemins de fer n'ont pas émis de timbres mobiles. Elles se servaient d'un timbre à main qu'elles appliquaient sur les lettres qui lui étaient confiées. M. Cave nous en a montré de nombreuses variétés. Il y en avait avec locomotive dans un ovale et le mot *franca* en-dessous ; d'autres, ronds ou ovales, avec inscriptions diverses telles que : *Strade ferrate Livornesi* ou *SS. FF. L.C. franca* et d'autres encore : enfin lorsque les lettres n'étaient pas affranchies, on y appliquait un timbre ovale qui variait par les dimensions et les inscrip-

lions : DA ESIGERE et une valeur en crazie ou centimes : 3 crazie, 15 centesimi.

Malgré l'intérêt que peuvent avoir ces marques
administratives, elles n'en ont aucun, nous semble-
t-il, pour la collection des timbres-poste.

X V

Une notification du chevalier J. Pagni, surintendant général des postes royales, porte ce qui suit :

1° « A partir du 1er janvier prochain, les timbres-poste actuels n'auront désormais aucune valeur.

2° « Que, par conséquent, l'affranchissement des lettres, journaux et imprimés, devra se faire à partir du 1er janvier, moyennant l'application des timbres-poste nouveaux, lesquels seront débités le 29 du mois courant par tous les bureaux de poste et les débitants patentés de l'administration.

3° « Que la vente aura lieu au pair de la valeur réelle.

4° « Que jusqu'au 3 janvier prochain, les bureaux de poste sont autorisés à reprendre les timbres-poste mis hors d'usage et à en rembourser le prix.

5° « Que les patentés pour les débits des timbres, pourront les rendre uniquement au bureau postal chez qui ils se pourvoient d'habitude. »

De la Surintendance générale des postes royales, le 19 décembre 1859.

X V I

Emission du 1ᵉʳ janvier 1860.

Représente les armoiries de Savoie posées sur le manteau royal et surmontées d'une couronne. Légende · *Franco Bollo Postale Toscano* (1), autour, dans le cadre. Impression couleur sur papier blanc au filagramme reproduit page 33 :

1 centesimo, violet, violet foncé, ardoise, mauve, lilas, mauve rougeâtre.

5 — vert, vert-jaune, vert-olive, vert foncé, vert pâle.

10 — brun, brun-noir, bistre-noir, chocolat pâle et foncé.

20 — bleu foncé, bleu, bleu-gris, bleu vif, bleu terne.

40 — rouge, rouge-orangé, rouge-carmin.

80 — chair, rouge-orangé.

3 lire it., jaune orange foncé.

Cette dernière valeur porte l'inscription : 3 *lire it.*
Ces timbres n'eurent qu'une durée éphémère : ils

(1) Timbres d'affranchissement des postes de Toscane.

furent remplacés en 1862 par les timbres de Sardaigne.

Particularités sur les armoiries. Voir la brochure « Timbres de Parme, Modène, Romagne, » page 75.

Essais. Inconnus.

Réimpressions. On n'en connaît qu'une seule : le 3 lire orange. Elle est imprimée sur papier au filagramme 1851 (voir page 23); mais il en existe une contrefaçon imprimée sur papier officiel, lignes croisées ondulées (voir page 33).

XVII

B. TIMBRES FISCAUX.

Une ordonnance du ministre de l'intérieur, en date du 6 décembre 1859, expédiée au préfet de Florence, porte ce qui suit.

Nous ne reproduisons que les principaux articles se rapportant au sujet que nous traitons :

. . . .

« ART. 3. Le papier de reconnaissance est soumis à la taxe de 2 livres italiennes pour les personnes de 1re classe et d'une livre et 50 centesimi pour celles de seconde classe (1).

. . . .

» ART. 6. Le papier de reconnaissance ne durera qu'un an. On le soumettra ensuite à une nouvelle législation : celle-ci est gratuite.

. . . .

» ART. 9. La perception de la taxe sera notée sur le papier de reconnaissance, moyennant l'application d'un timbre, à proximité duquel on placera le sceau de l'autorité qui dé-

(1) Cette distinction est faite d'après l'art. 4 de la loi du 12 mars 1851.

livre le papier, de façon que le timbre reste couvert en partie.

» Art. 10. Le timbre sera de deux espèces : l'un, de couleur rouge, pour la taxe de deux livres; l'autre, vert, pour la taxe de 1.50. Jusqu'à ce qu'ils puissent être fabriqués par le ministère des finances, on devra transcrire sur le papier de reconnaissance, en chiffres, la taxe perçue, le tout contresigné par l'autorité qui délivrera le papier.

» Art. 11. L'exemption de la taxe devra être signée au bas. »

Parmi les instructions envoyées aux autorités, nous relevons les passages suivants qui ont trait à ces timbres.

. . . .

« Art. 10. L'encaissement provenant de la perception des taxes de police administrative, comprend :

1º Les taxes perçues pour patentes sur le jeu de billard;

2º Les taxes qu'on exige pour passeports ou papiers de reconnaissance;

» 3º Les taxes auxquelles sont assujetties les licences (permis) pour le port d'armes, licences qui dorénavant seront délivrées par les préfectures et sous-préfectures, à l'appui d'un certificat par lequel les délégués du gouvernement déclarent que le réquérant a les titres voulus par les ordres en vigueur sur la matière.

» Art. 11. La perception des taxes susdites sera établie par les préfectures, d'après les règles par lesquelles procède en tout leur administration. »

. . . .

Enfin paraît le décret relatif à ces timbres.

RÉGNANT S. M. VICTOR-EMMANUEL,
Le Gouvernement royal de Toscane,

« Vu les instructions proposées par le préfet de Florence en suite de l'article 3 du décret du 31 octobre 1859 (1) sur le service des dépenses et des taxes de police administratives dont sont chargées les préfectures.

» Décrète :

» ART. 1er. Sont approuvés et font partie intégrale du présent décret, auxquelles sont annexées les instructions sur le payement des dépenses et sur l'encaissement des taxes de police administrative auxquelles les préfets doivent pourvoir.

» ART. 2. Les Ministres de l'intérieur, des finances, du commerce et des travaux publics sont chargés, chacun en ce qui les concerne, de l'exécution qui aura lieu le 1er janvier 1860. »

Donné le 31 décembre 1859.

Le Président du Conseil des ministres
et Ministre de l'intérieur,
B. RICASOLI.

Le Ministre des finances, du commerce
et des travaux publics,
R. BASACCA.

(1) L'art. 3 dit :
Aux soins des préfets de Florence seront proposées les instructions pour le service des dépenses et des taxes de police attribuées aux préfectures.

X V I I I

Émission du 1er janvier 1860.

Armoiries en relief dans un cercle (écu de Savoie, de gueule à la croix d'argent, de chaque côté, un lion couché, sur manteau royal surmonté de la couronne, le tout renfermé dans un double cadre rectangulaire, portant : *Carta di Recognizione Toscana* (1) et la valeur.

Impression typographique du cadre en couleur sur papier blanc, ayant en filigramme des lignes ondulées croisées (voir page 33).

    1 lire, 50 centesimi, vert.

    2 —   rouge pâle.

Ces timbres, créés pour un usage de douze mois, ont été supprimés avant le terme qui leur avait été assigné (voir art. 6, page 54) ainsi qu'il résulte du document suivant :

1 Lettre de reconnaissance de Toscane.

VICTOR-EMMANUEL II,

roi de Sardaigne, de Chypre et de Jérusalem, etc., etc., etc.

« Vu notre décret en date du 13 novembre 1857 (1) ;

» Vu les articles 2 et 8 de celui en date du 25 mars dernier ;

» Sur la proposition du Président du Conseil, notre Ministre, secrétaire d'État pour les affaires étrangères, avons décrété et décrétons :

» Art. 1er. Notre décret royal réglementaire des passeports en date du 13 novembre 1857, sera publié et mis en exécution en Toscane à partir du jour de la publication du présent.

» Art. 2. Notre ministre susdit et les ministres des finances sont chargés de l'exécution du présent décret qui sera enregistré à la Cour des Comptes.

» Donné à Turin, le 9 mai 1860. »

VICTOR-EMMANUEL.

C. CAVOUR.

A partir de cette date la Toscane fait emploi des timbres d'Italie.

(1) Ce décret est celui par lequel les timbres de passeport de Sardaigne ont été mis en usage.

DEUXIÈME PARTIE

TIMBRES DE ST-MARIN

INTRODUCTION

La République de Saint-Marin est située entre les provinces de Forli et Pesaro. Elle est enclavée dans les Marches Romaines et réunie au littoral par une route unique ; cette république a gardé une existence à part. A une petite distance au Sud de Rimini, dans une des plus belles parties des Appenins, la superbe roche du Mont Titan, dont la base est excavée par les carrières depuis un temps immémorial, porte sur sa crète, à 750 mètres de hauteur, la vieille et célèbre cité de Saint-Marin (San Marino) entourée de murs et dominée de tours ; le matin quand le temps est favorable, les citoyens voient au delà du golfe Adriatique le soleil apparaitre derrière la crête des Alpes d'Illyrie. Saint-Marin constitue avec quelques localités environnantes une république « illustrissime, » le seul municipe autonome qui existe encore en Italie. D'après la chronique, la Repubblichetta de Saint-Marin, ainsi nommée

d'un maçon dalmate qui vécut en ermite sur le
roc du Titan, serait un État indépendant et souverain depuis le quatrième siècle; quoi qu'il en
soit, il est certain que depuis mille années au
moins la petite république a réussi à sauvegarder
son existence, grâce aux rivalités de ses voisins
et à l'extrême habileté avec laquelle ses citoyens
ont su ruser avec le danger. D'ailleurs la consti-
tution de l'État n'est rien moins que populaire.
Le peuple ne vote plus : depuis un nombre in-
connu de siècles il a perdu le suffrage ; les citoyens,
mêmes propriétaires, n'ont plus que le droit de
remontrance et ceux qui ne possèdent pas un seul
lopin de terre, c'est-à-dire plus de la moitié des
Sanmarinais, ne peuvent hasarder aucune récla-
mation. Le pouvoir suprême appartient à un
« Conseil-Prince » de soixante membres, composé
d'un tiers de nobles, d'un tiers de bourgeois et
d'un tiers de campagnards propriétaires. Le titre
de conseiller est héréditaire dans les familles, etc.
Quand l'une d'elles vient à s'éteindre, les cin-
quante-neuf autres choisissent celle qui prendra
part au pouvoir de la République. C'est le Conseil-
Prince qui choisit dans son sein les diverses
commissions, ainsi que les deux capitaines-

régents, — un pour la ville, un pour la campagne, — qui doivent exercer pendant six mois
le pouvoir exécutif. Saint-Marin a aussi sa
petite armée, son budget, ses monopoles. Elle se
fait un petit revenu par la vente de titres nobi-
liaires et décorations; moyennant 35,000 francs,
elle a même créé des ducs qui marchent de pair
avec la haute noblesse du royaume. Mais les im-
pôts sont libres : quand la commune a besoin d'argent, le tambour de l'armée assemble les citoyens
et ceux qui ont bonne volonté sont invités à dé-
poser leur offrande dans la caisse de l'Etat. Paye
qui veut, et quand la caisse est pleine, on refuse
les dons! D'ailleurs la république, toute libre
qu'elle est, reçoit une subvention de l'Italie et se
réclame de la protection spéciale du roi. Elle renferme ses condamnés dans une prison italienne,
fait imprimer ses actes officiels en Italie et paye
un homme de loi italien pour tenir ses audiences
de justice dans le prétoire de la République. Il ne
se trouve pas d'imprimerie dans le petit Etat : le
Conseil-Prince a repoussé l'invention moderne,
que des voisins, les Romagnols, eussent été fort
heureux de faire fonctionner à leur profit; il a
craint que les livres politiques publiés sur son

territoire ne portassent ombrage au royaume dans lequel il est enclavé (1).

La superficie de cette république est de 62 kilomètres carrés ; on y compte 8,000 habitants. Chef-lieu : Saint-Marin.

(1) *Nouvelle Géographie Universelle.* E. Reclus.

MONNAIES

La République de Saint-Marin fait usage de la même monnaie qu'en Italie.

1 lira ou 100 centesimi, 1 fr.

TIMBRES DE SAINT-MARIN

X I X

A. TIMBRES-POSTE.

Des timbres spéciaux, pour la République de Saint
Marin, ont été créés en suite de la convention postale
du 2 mars 1877, avec l'Italie, modifiant celle du 7 février 1865 et entrant en vigueur le 1er juillet 1877.

Il ne nous a pas été possible d'obtenir le décret
qui ordonne l'usage des timbres-poste, pas plus
que d'arracher à l'administration des postes l'aveu
qu'il n'en existe pas.

Avant l'émission de ces timbres, la République de
Saint-Marin se servait de ceux employés dans le
royaume d'Italie.

X X

Émission du 1ᵉʳ août 1877.

Cette émission se compose de deux types, le premier d'une seule valeur, le second de quatre.

Le *premier type* porte un chiffre sur fond burelé et le mot *centesimi* dans un ovale transversal ayant l'inscription : *Repub. di S. Marino Bollo Postale* (1) et plus bas : *Libertas* (2) ; de chaque côté la valeur en lettres ; les angles sont remplis par de petits ornements.

Le *second type* a les armoiries du pays au centre « *d'argent à 3 tours au naturel posées sur un tertre de sinople surmontées chacune d'un panache, le 1ᵉʳ d'or, le 2ᵉ de gueules, le 3ᵉ d'argent.*

(1) République de Saint-Marin, timbre-poste.
(2) Liberté.

Ces armoiries sont surmontées d'une couronne qui rappelle sans doute le protectorat du roi d'Italie; la valeur est en chiffre, du côté droit.

Impression de couleur sur papier blanc glacé, portant une couronne en filagramme suivant le dessin; gravés en taille-douce et imprimés à Turin; piquage 14.

1^r *type* : 2 centesimi, vert.
2e *type* : 10   —   outremer.
    20   —   vermillon vif.
    30   —   brun.
    40   —   violet vif.

Ces timbres sont présentement en usage.

Particularités sur les armoiries. Les trois châteaux rappellent le mont Titan et les quelques collines dont se compose presque tout le territoire de cette République.

Essais. Inconnus.

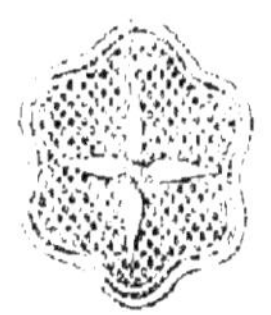

TROISIÈME PARTIE

———

TIMBRES DES ÉTATS DE L'ÉGLISE

INTRODUCTION

Les Etats de l'Eglise étaient formés de plusieurs provinces de l'Italie centrale; ces Etats s'étendaient entre la mer Adriatique et la mer Méditerranée et avaient pour limites, au nord, le royaume Lombard-Vénitien, à l'ouest les Duchés de Modène et de Toscane et au sud-est le royaume des Deux-Siciles. La plus grande longueur était depuis Ferrare à Terracine, soit 635 kilomètres et sa plus grande largeur depuis les bouches du Jesino à celles du Marta, soit 202 kilomètres.

Les Etats de l'Eglise comprenaient aussi les territoires de Benevento et Pontecorvo qui se trouvaient renfermés dans le royaume des Deux- Siciles.

La superficie totale des Etats était de 41,152 kilomètres, non compris le territoire de la République de Saint-Marin qui s'y trouve enclavée.

La population des Etats de l'Eglise s'élevait en 1859 à 3,300,000 habitants répartis entre les délégations de Rome et Comarca, Ancone, Ascoli,

Bologna, Camerino, Ferrare, Ravenna, Forli, Pesaro et Urbino, Velletri, Macerata, Fermo, Perugia, Civitavecchia, Viterbo, Spoleto, Rieti, Frosinone, Benevento et Pontecorvo.

Après la guerre de 1859 pour l'indépendance italienne et par suite des révolutions (1859-60), les Etats de l'Eglise furent réduits aux provinces de Rome et Comarca, Viterbo, Civitavecchia, Velletri et Frosinone, soit une superficie de 11,701 kilomètres, avec une population de 700,000 habitants.

L'unité italienne n'était pas accomplie. Il lui manquait Rome, sa capitale. Après dix années d'attente, les Etats de l'Eglise furent enfin réunis au royaume d'Italie.

Pio **FABRI**.

X X I

LES POSTES PONTIFICALES.

Si l'on devait rechercher quel était le service des
postes pontificales à la fin du siècle dernier, le travail
serait long, ingrat et peu récréatif pour les lecteurs,
rien de stable n'existant à cette époque dans l'organisation des postes, tant pour l'intérieur que pour
l'extérieur. Nous nous bornerons donc à dire que
toutes les nations en rapport avec Rome entretenaien t
pour leur propre compte des postes pour l'envoi des
lettres en destination des pays auxquels ils appar-
tenaient.

La république de Venise jouissait à cet égard de
plus grands priviléges que les autres gouvernements.
Toutes les administrations n'avaient d'autre charge
que celle d'expédier et de faire parvenir *gratuitement*
la correspondance du gouvernement pontifical. La
poste intérieure appartenait presque toujours par
privilége aux seigneurs de l'endroit.

Ce fut vers la fin du siècle dernier que l'invasion
française supprima à Rome les courriers étrangers,

annula tout privilége aux particuliers et revendiqua les droits de l'État. L'administration générale des postes prit donc possession du service postal et mit ainsi un terme aux nombreux abus qui s'étaient commis jusque-là.

Lorsqu'en 1814, Pie VII rentra dans ses États, il conserva cette organisation et refusa l'établissement de la poste vénitienne telle qu'elle avait existé jadis. Depuis lors, l'administration a toujours été du ressort du gouvernement.

Afin de fixer la marche régulière de cette branche importante, Pie VII fit publier, le 24 avril 1816, le règlement général des postes romaines et des États pontificaux, avec le tarif du port des lettres et des imprimés. Ce règlement a été en vigueur jusqu'à la chute du pouvoir temporel du Pape (1).

(1) *Timbre-Poste*, nᵒ 40, année 1866.

MONNAIES

Avant leur incorporation au royaume d'Italie, les États de l'Église firent usage jusqu'en 1867 de :

      1 scudo ou 100 bajocchi, soit fr. 5,225

      Le bajocco valait donc . . » 0 052

Depuis 1867, on y emploie :

      La lira ou 100 centesimi. . »   1.00

TIMBRES DES ÉTATS DE L'EGLISE

Règne de Pie IX.

XXII

A. TIMBRES-POSTE.

Les changements apportés dans le système postal par plusieurs des États dont l'Italie était autrefois composée, et l'introduction des timbres-poste émis pour la facilité d'affranchissement de la correspondance, entraînèrent même, dans cette voie d'amélioration, le gouvernement immuable des États de l'Église.

Malgré la profonde aversion que ce gouvernement a toujours montrée pour tout progrès, il se décida, le croirait-on, à imiter l'exemple que lui donnaient ses voisins.......

Rome, le siége des Beaux-Arts, où chacun vient admirer ses monuments, visiter ses galeries, ses musées qui contiennent des trésors inestimables ; Rome, le rendez-vous de tous les artistes : peintres, sculpteurs, graveurs, etc., etc., qui viennent y cher-

cher l'inspiration, devait faire honneur à son titre de Reine des Arts qu'elle porte depuis des siècles et rappeler sa gloire en faisant exécuter des timbres-poste dignes d'elle. Mais c'eût été trop demander au gouvernement papal : Pour ne pas démentir ses principes, il fit exécuter des timbres-poste qui sont l'antithèse du beau et du bon goût !...

Le conseil des ministres ayant décidé d'adopter le système d'affranchissement au moyen de timbres-poste, le pro-secrétaire d'État, cardinal Antonelli, fait connaître cette décision dans les termes suivants :

« Aux améliorations déjà introduites dans l'administration des postes, on a cru nécessaire d'ajouter celle de pouvoir payer la taxe postale, au moment de l'expédition des lettres et paquets, moyennant l'apposition d'un ou plusieurs dits « Bolli franchi » (timbres-poste.) Le service public se fera ainsi d'une façon plus expéditive, plus commode et sauvegardera mieux les intérêts de l'administration.

» Sur la proposition du pro-ministre des finances, la *Sainteté de Notre Seigneur*; ouï le conseil d'État et le conseil des Ministres, il nous a été ordonné de publier, etc.....

» ART. 1er. Quiconque envoie des lettres ou paquets pour l'intérieur de l'État, peut en payer d'avance la taxe postale en y apposant un ou plusieurs dits « timbres-poste, »

» ART. 2. Le prix du ou des timbres à apposer, correspondra au montant de la taxe due, conformément aux règlements en vigueur, selon le poids de la lettre ou du paquet et le lieu de la destination, comme aussi si la lettre est double.

Si le prix du ou des timbres apposés est inférieur au montant de la taxe, le bureau postal doit noter sur l'adresse la somme manquante ; ce supplément de taxe sera payé par le destinataire au moment de la réception de la lettre ou du paquet.

» Art. 3. Les voyageurs, voituriers, piétons, conducteurs de voitures, de marchandises, etc., sont autorisés de transporter les lettres ou paquets, pourvu qu'ils soient munis de timbres-poste en raison du poids et de la distance.

» Reste de plus établie la faculté de porter même sans timbres-poste, les lettres exemptes de la taxe postale, conformément aux art. 4 et 5 de la notification du 2 novembre 1844.

» Art. 4. Seront passibles d'une amende ou pénalité, établies par l'article 11 de la susdite notification, ceux qui porteront des lettres non exemptes de la taxe postale, si elles ne sont munies du *timbre-poste* ou si la valeur du ou des timbres est inférieure à la taxe due suivant le § 2.

» Cependant, si le timbre appliqué n'était pas inférieur à la moitié de la taxe due suivant les règlements en vigueur, l'amende ne serait pas appliquée, mais seulement à titre de supplément, le double de la taxe manquante serait payé.

» Art. 5. Le droit d'affranchissement pour l'étranger doit être payé moyennant l'apposition du ou des *timbres-poste*.

» Le bureau, en recevant les lettres, doit observer la valeur du timbre apposé et dans le cas où elle serait inférieure à la taxe due suivant les règlements en vigueur, faire ajouter des timbres jusqu'à complément de la taxe.

» Art. 6. Les lettres et paquets qui porteraient des timbres déjà employés, seront considérés comme privés de timbre.

Si ces lettres ou paquets étaient expédiés comme au § 3,
le porteur serait passible des amendes selon le § 4; s'ils ont
été mis simplement à la poste, ils seront sujets à une taxe
triple.

» Art. 7. La falsification desdits timbres-poste, comme
aussi l'usage ou la vente faite sciemment des timbres falsi-
fiés, si elle est le fait d'un employé public, celui-ci sera puni
suivant l'art. 216 du code pénal, 20 septembre 1832; si au
contraire la falsification provient de toute autre personne,
celle-ci subira la même peine diminuée d'un degré.

» L'usage ou la vente, faite sciemment par un employé
public ou par d'autres, attachés à l'administration des
postes, de timbres déjà employés, sera puni suivant
l'art. 218 du susdit code, diminué d'un degré.

» Art. 8. Le ministre des finances est chargé de l'exécution de cette disposition et de publier le règlement correspondant qui établit l'époque à laquelle il doit avoir effet.

» Donné à Rome au secrétariat d'Etat, le 29 novembre
1851.

» Signé J. Card. Antonelli. »

Le règlement dont il est fait mention plus haut,
est publié le 19 décembre 1851, comme suit :

*« Règlement pour l'application des timbres francs, à la
correspondance épistolaire.*

» Pour mieux pourvoir aux besoins de la correspondance
épistolaire; pour en simplifier les rapports et pour augmenter les recettes de l'administration postale, ont été adoptés
les *timbres-poste* en vertu de l'édit publié par le très-

éminent cardinal Antonelli, pro-secrétaire d'Etat, en date
du 29 novembre dernier, afin que, par l'application desdits
timbres, de la valeur correspondante à la taxe, suivant le
tarif en vigueur que doivent payer les lettres ou paquets,
ceux-ci soient exempts de toute autre opération financière
s'ils sont en destination pour l'intérieur de l'Etat, ou à la
frontière limitrophe, ou enfin pour l'étranger; de cette
manière, l'expéditeur d'une lettre est en position de pouvoir
l'affranchir dans sa maison même et l'expédier sans crainte
de fraude et autres inconvénients qui peuvent se présenter
en expédiant d'une toute autre façon.

» Voyant que, par le susdit édit, au huitième article, nous
sommes chargé d'établir le règlement qui doit prescrire la
manière d'exécution, nous déterminons ce qui suit :

» 1º Les timbres-poste consistent en plusieurs étiquettes,
soit « Bollini » (petits timbres) portant la tiare et les clés,
avec l'inscription : *franco bollo postale* et l'indication du prix.

» 2º Ces petits timbres sont de huit formes variées et de
différentes couleurs, suivant le prix, commençant au 1/2
baïoque et avançant ensuite au baïoque, jusqu'à sept de
baïoque en baïoque.

» 3º Les petits timbres sont imprimés pour compte du gouvernement et sont par conséquent garantis par les lois
contre les falsifications et les abus de tous genres.

» 4º Des susdits petits timbres, existent en dépôt dans
toutes les directions postales et dans les prévôtés du timbre et d'enregistrement, moins celles ci-après exceptées,
afin que chacun puisse s'en pourvoir, payant auxdits bureaux le prix des timbres qu'on demandera, suivant le prix
relatif.

« 5° Tous les bureaux de distributions des postes en sont également munis, avec cette distinction seulement que pour les distributions de première classe, les timbres seront confiés au distributeur, pour s'en servir suivant les besoins du bureau, comme il est établi plus loin, et pour les vendre au public suivant les demandes ; tandis que pour les distributions de seconde classe, les timbres seront confiés aux magistratures respectives, lesquelles en fourniront le distributeur pour l'usage également établi plus loin, celles-ci restant responsables vis-à-vis de la direction générale des postes.

» 6° Il est défendu à chacun, hors les susdits bureaux, de vendre les timbres ci-dessus énoncés, de la même manière et sous les mêmes peines que la vente des « genres royales» sans la permission nécessaire.

» 7° Les expéditeurs qui veulent faire usage de timbres, doivent humecter la matière glutineuse qui se trouve au revers des timbres et attacher parfaitement sur l'adresse des lettres et paquets un ou plusieurs timbres correspondant au montant de la taxe, due suivant les règlements en vigueur, ayant égard au poids de la lettre ou paquet et au lieu de destination, comme aussi si la lettre était double.

» 8° Tandis que l'emploi des timbres est généralement facultatif, il devient obligatoire lorsqu'ils sont destinés à représenter le payement des droits d'affranchissement ou de taxe pour l'étranger, le timbre étant substitué au payement du droit respectif. On doit cependant observer que pour la correspondance destinée à l'étranger, on continuera à ouvrir un guichet spécial, afin que toute personne qui concevrait quelques doutes sur la valeur précise des timbres à

employer, puisse s'en assurer auprès de l'employé à ce
destiné, une mauvaise application des timbres pouvant
laisser les correspondances en souffrance; lorsqu'il n'y a
pas doute, la lettre peut être jetée dans la boîte à lettres.

» 9° Si, en plus de l'affranchissement, on veut assurer la
lettre ou paquet, l'expéditeur devra, pour l'intérieur de
l'État, apposer d'autres timbres correspondant à la moitié
de la taxe; pour l'étranger, d'autres timbres également correspondant aux taxes, suivant le tarif en vigueur qui existe
dans les bureaux de postes et dans ce cas il lui sera déli-
vré reçu de la lettre ou du paquet assuré.

» 10° En règle générale (excepté ce qui regarde l'assurance),
si les timbres apposés sur une lettre ne correspondent pas
à la taxe suffisante, le bureau expéditeur devra la taxer pour
ce qui manque, à titre de supplément.

» 11° Les bureaux de poste devront appliquer l'estampille
de leur bureau qui est destiné aux correspondances à expédier, en partie sur les timbres-poste. »

Les paragraphes 12 à 22 traitant exclusivement du
règlement concernant les employés de postes, nous
croyons inutile de les reproduire.

« 23° Les dispositions de la susdite loi, comme celles du
présent règlement, auront effet à partir du 1er janvier 1852.

» Rome, le 19 décembre 1851.

» Le pro-ministre des Finances,
» ANGELO GALLI. »

XXIII

M. Salviucci, directeur de l'imprimerie de la Révérende Chambre Apostolique, qui appartenait au gouvernement, fut chargé de faire exécuter les types des timbres. Il les ordonna à M. Jean Valagna, fondeur en caractères, lequel fournit les valeurs commandées, savoir : 1/2, 1, 2, 3, 4, 5, 6 et 7 bajocchi, tous de types différents, lesquels furent mis en usage le 1er janvier 1852. C'est la surintendance générale des postes qui fit choix des papiers destinés aux timbres.

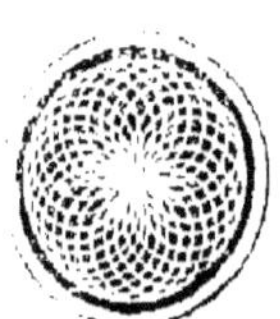

XXIV

Émission du 1er *janvier* 1852.

Armoiries des Papes (tiare et clés en sautoir) dans un cadre variant pour chaque valeur et portant en haut, l'inscription : *Franco Bollo Postale* (1) et la valeur en chiffres, en dessous.

Impression typographique noire sur papier de couleur.

1er TYPE. 1/2 *bajocco*. Ovale transversal formé à l'intérieur, de petites perles ; valeur marquée exceptionnellement en toutes lettres.

2e TYPE. 1 *bajocco*. Ovale transversal, formé d'un double filet, aux côtés échancrés et ornés.

3e TYPE. 2 *bajocchi*. Rectangle transversal composé d'un double filet : étoile aux angles supérieurs; ornements dans ceux inférieurs.

4e TYPE. 4 *bajocchi*. Ovale transversal à double filet extérieur, creusé de chaque côté.

5e TYPE. 4 *bajocchi*. Cercle à double filet extérieur.

6e TYPE. 5 *bajocchi*. Rectangle droit à double filet.

7e TYPE. 6 *bajocchi*. Octogone transversal composé de deux filets et ornements de chaque côté.

(1) Timbre d'affranchissement postal.

8ᵉ Type. 7 *bajocchi*. Octogone debout avec armes dans un sexagone ; ornements dans les coins intérieurs.

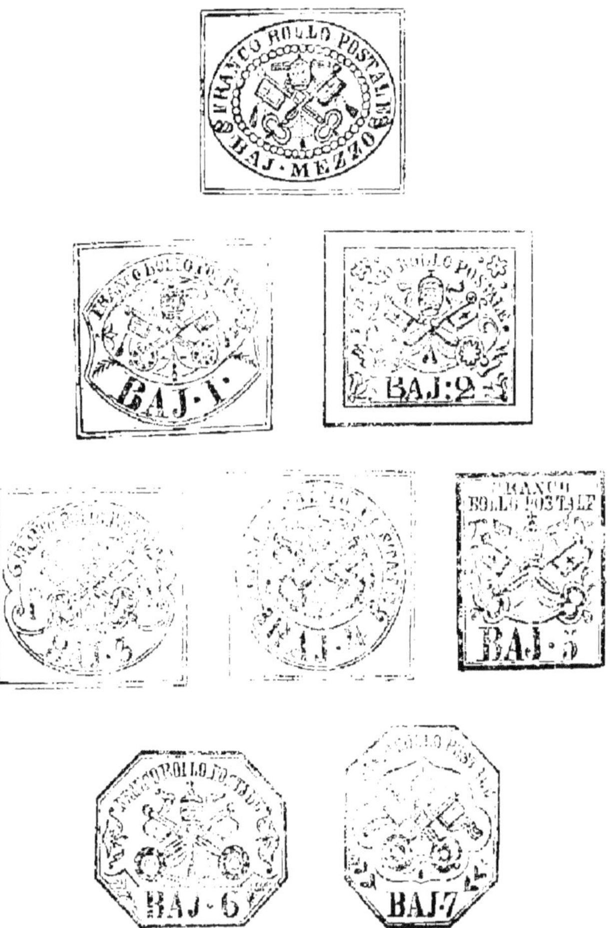

1/2 bajocco, gris fer, gris-bleu, gris-violet, gris-olive, gris-
       lilas, violet, violet-rouge vif, violet rouge pâle.
1   —   vert-bleu, vert-bleu pâle et foncé.
2 bajocchi, vert-jaune-foncé, vert-d'eau, vert-blanchâtre.
3   —   chamois, ocre-jaune,
4   —   brun, chamois, paille, jaune-vif.
5   —   rose, rose-pâle, rose-vif.
6   —   gris-vert, gris, gris-lilas.
7   —   bleu, bleu-gris.

VARIÉTÉ.

7 baj., bleu. *tête bêche.*

XXV

La direction des postes, reconnaissant que des timbres de plus fortes valeurs étaient nécessaires à l'affranchissement des lettres pondéreuses ou pour l'étranger, résolut de faire paraître trois nouveaux timbres 8 et 50 bajocchi, 1 scudo. Elle chargea verbalement M. Salviucci d'en faire la commande à M. J. Valagna qui avait précédemment fourni les autres types. L'époque d'émission fut fixée au 1er octobre 1852; mais par suite de retards survenus pendant l'impression, le 8 baj. ne fut livré à la poste que le 3 octobre.

M. Salviucci décida que les timbres seraient imprimés sur papier blanc.

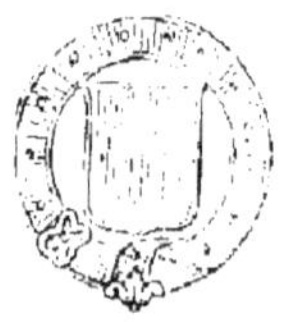

XXVI

Emission du 1er octobre 1852.

Armoiries des Papes (tiare et clés en sautoir) dans un cadre variant pour chaque valeur et portant la même inscription que les timbres précédents et au même endroit ; en bas, la valeur en chiffres.

Impression typographique en couleur sur papier blanc.

9e TYPE. 8 *bajocchi*. Octogone concave avec ornements extérieurs.

10e TYPE. 50 *bajocchi*. Rectangle transversal avec ornements aux angles.

11e TYPE. 1 *scudo*. Polygone transversal, formé de trois filets et replié en dedans.

8 bajocchi, noir s. blanc et jaunâtre.
50 — bleu terne, outremer.
1 scudo, rose, rose-pâle.

Particularités sur les armoiries. L'écu armorial des papes est formé de deux clés posées en sautoir, l'une d'or, l'autre d'argent, liées d'azur et chargées d'une tiare faite de trois couronnes avec bandelettes repliées.

La tiare est un ornement de tête qui était un des symboles de la souveraineté chez les Perses et les Mèdes.

La tiare pontificale se composait autrefois d'une espèce de mitre à forme conique, ayant à sa base une couronne. Constantin Ier, dans l'année 330, en fit don au pape S. Silvestre Ier. Boniface VIII, trouvant que cet ornement n'était pas assez somptueux pour un successeur de saint Pierre, ajouta une seconde couronne à la première (1304; quelques années après (1334) Benoit XII en ajouta une troisième, pour désigner la triple royauté du chef de l'Eglise catholique sur l'Eglise militante, purifiante et triomphante.

Selon une autre version, ce serait Clovis Ier qui, en 518, envoya la tiare au pape Ormisda, en reconnaissance de ce que son pouvoir royal lui venait de Dieu.

Au bas de la tiare il y a deux espèces de bandelettes garnies de petites croix et de broderies, qui doivent signifier, suivant Innocent III, les deux sens littéral et mystique.

Au couronnement du pape, le premier cardinal de l'ordre des diacres lui place la tiare sur la tête, en lui disant : « Recevez cette tiare ornée d'une triple couronne et sachez que vous êtes le Père, le Prince et le Roi, le recteur de la terre, le vicaire de N.-S. Jésus-Christ. »

Les deux clés rappellent celles que le Seigneur donna à saint Pierre et à ses successeurs ; elles sont différentes sur chaque valeur de timbre. Elles signifient : celle d'or, la puissance ; celle d'argent, la science.

Le pape Célestin II, élu en 1143, est le premier souverain pontife qui, au lieu des clés de saint Pierre, arbora les siennes propres.

XXVII

Les différences énormes qu'on rencontre dans les nuances des timbres, proviennent de ce qu'il n'y avait aucun approvisionnement de papier, lequel était acheté au fur et à mesure des besoins et assorti, le mieux possible, dans l'un ou l'autre magasin.

C'est pour ce motif qu'au lieu de former des planches d'un nombre fixe de clichés, ceux-ci étaient mobiles ; on les groupait, selon la dimension du papier : les feuilles ont porté successivement soixante-quatre, quatre-vingts, voire même cent vingt timbres, placés horizontalement ou verticalement. Ce système avait pour avantage capital celui d'utiliser sans perte le papier qu'on se procurait un peu tardivement.

Les planches des timbres 1/2, 1, 3, 4 et 8 bajocchi avaient de doubles lignes entre chaque timbre ; les autres valeurs n'avaient pas de lignes de séparation.

L'impression des timbres n'étant pas sujette à un contrôle bien rigoureux, les ouvriers attachés à l'imprimerie vendaient fréquemment, pour leur

propre compte, des timbres-poste de toutes valeurs
et à moitié prix.

Ce n'était pas là le seul abus qui existait. Aucune
marque spéciale n'ayant été créée pour annuler les
timbres, les employés trouvaient plus commode de
ne point les oblitérer : peut-être y trouvaient-ils leur
profit. La surintendance générale des postes, cher-
chant à faire cesser cet abus, fit exécuter un timbre
d'annulation, lequel fut envoyé à tous les bureaux de
première classe, avec la circulaire suivante :

« Rome, le 23 octobre 1855.

» Le Prince D. CAMILLO MASSIMO,

» Surintendant général des postes pontificales.

» A Monsieur le Directeur des postes de .....

» Afin d'empêcher l'abus qu'on pourrait faire des timbres-
poste, en les employant à nouveau, après avoir été appli-
qués aux correspondances épistolaires, on a établi que
dans toutes les directions et distributions postales de première classe, lesdits timbres-poste doivent être annulés,
tant sur les correspondances à leur arrivée, que sur celles
partant des mêmes directions et distributions de première
classe.

» Et pour que cette opération soit exécutée avec méthode
uniforme, il a été fabriqué des timbres dont on devra faire
usage pour l'annulement.

» Toutefois, on vous remet avec la présente ordinaire, ceux
qui devront servir pour cette direction et ceux pour les
distributions de première classe de la même dépendance,

auxquelles vous en ferez l'envoi, avec la prescription d'en faire usage pour l'emploi sus-indiqué.

» Le surintendant général,

» Signé : Prince CAMILLO MASSIMO. »

On a signalé un 2e type du 50 bajocchi. Il n'y en a jamais eu qu'un seul, lequel fut employé jusqu'au moment où les timbres de 1852 furent supprimés. Le timbre outremer qui a donné lieu à cette annonce, est exactement le même que le timbre bleu terne, même valeur, sauf qu'il est d'un tirage moins soigné et exécuté sur de mauvais clichés.

Il a été question aussi des timbres de l'Eglise surchargés d'une croix de Saint-André, timbres qui auraient été employés en 1860, sous le gouvernement provisoire des Romagnes. Cette surcharge était, dit-on, une sorte d'autorisation qui donnait seule le droit de pouvoir se servir des timbres du gouvernement papal.

Cette histoire est peut-être fort bien imaginée, mais il est certain que cette soi-disant surcharge n'est qu'une marque conventionnelle qu'on appliquait sur les lettres affranchies pour l'étranger, ainsi qu'il résulte clairement de l'article 14 du règlement suivant, pour l'exécution de la convention postale conclue entre les Etats pontificaux et l'empire d'Autriche, en date du 30 mars 1852, et commençant le 1er octobre 1852.

. . . .

« Art. 11. *Taxation des lettres*. Le port commun et le port
étranger doivent être notés séparément sur les correspondances, en monnaie pontificale, divisant les deux valeurs
par une ligne, au milieu $\frac{c}{g}$. Ces taxes doivent être notées
sur les lettres affranchies, du côté du cachet, et sur celles
non affranchies, du côté de l'adresse et si possible sur le
bord supérieur. Sur l'adresse des expéditions affranchies
doivent être apposées deux lignes en croix ✕.

» Rome, le 15 septembre 1852.

» Le pro-ministre des Finances.

» Signé : Angelo Galli. »

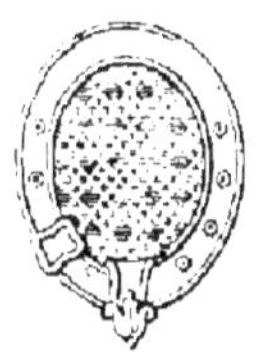

XXVIII

FAUX TIMBRES.

M. Diena a signalé de faux timbres qui auraient été employés à Bologne, valeurs 5 et 8 bajocchi. Il faut croire que le gouvernement papal n'en a jamais eu connaissance, car nos renseignements auprès des administrateurs supérieurs affirment qu'il n'y a jamais eu d'imitation.

M. Moens nous déclare avoir trouvé parmi ses timbres, un 5 baj. faux, semblable à une des variétés de cette valeur qui lui ont été communiquées par M. Diena : c'est principalement à l's de *postale* qui est penchée du haut vers la droite, que ces timbres sont reconnaissables; ils ont aussi un demi-millimètre de moins en hauteur et en largeur; quant au 8 baj., la comparaison des festons du cadre avec un timbre vrai est nécessaire; il y a aussi quelques petites différences dans les lettres de BAJ; la clé droite ne porte qu'un trait au lieu d'en avoir deux croisés. Enfin ces timbres sont lithographiés, et l'encre le plus souvent grise.

X X X I

Une décision du gouvernement papal ayant adopté le système décimal français (juillet 1866), il fallut songer à remplacer les timbres par d'autres, portant la monnaie nouvelle. Ceux en bajocchi purent être échangés cependant jusqu'au 10 octobre 1867.

Voici le règlement relatif à ce changement qui cherche à remédier aux abus dont nous avons parlé:

« Pour rendre plus commode l'expédition des lettres et pour augmenter davantage les recettes de l'administration des postes, les timbres-poste ont été adoptés en vertu de la loi publiée par le très-éminent cardinal Antonelli, secrétaire d'État, en date du 29 novembre 1851. pour que par leur apposition, d'une valeur correspondante à la taxe, suivant le tarif en vigueur, les lettres et paquets soient exempts de toute autre opération et pour que l'expéditeur d'une lettre puisse se trouver de cette manière en position de pouvoir l'affranchir de sa propre maison et l'expédier sans crainte de fraude d'argent et autres inconvénients qui peuvent advenir à qui charge autrui de l'affranchissement de ses correspondances.

» En vertu du § 8, de la susdite loi, il fut commis à ce ministère l'émanation du règlement qui prescrit la manière d'exécution, lequel fut publié en date du 19 décembre 1851. Mais reconnaissant aujourd'hui que par suite de diverses circonstances, le même règlement a besoin de subir quelques modifications.

« Ouï l'avis du conseil d'État pour les finances et du conseil des ministres, que la *Sainteté de Notre Seigneur* a daigné approuver, ordonnons que, au lieu des règles qui y sont prescrites, doivent être observées les dispositions suivantes :

« ART. 1er. Les timbres-poste sont des étiquettes portant la tiare et les clés avec l'inscription : *Franco bollo postale* timbre d'affranchissement postal, et l'indication du prix.

« ART. 2. Ces timbres-poste sont de sept différentes dimensions et couleurs, et tous de différents prix, commençant à deux centesimi et montant jusque quatre-vingts comme suit, c'est-à-dire :

Le 2 centesimi de couleur vert.
 — 3   —   — cendre.
   5   —   — bleu turquoise.
 — 10   —   — orange.
 — 20   —   — rouge.
 — 40   —   — jaune.
 — 80   —   — rose.

» ART. 3. Les timbres-poste sont imprimés pour compte du gouvernement et sont par conséquent garantis par les lois contre les contrefaçons et les abus de quelque espèce que ce soit.

» ART. 4. Les poinçons et les matrices respectives qui servent à l'impression des timbres-poste, seront conservés avec les précautions nécessaires, à la direction générale des postes, près de laquelle on conservera également le papier qui doit être employé.

» ART. 5. On ne pourra pas procéder à l'impression des timbres-poste, sans un ordre régulier et écrit, de la direction générale des postes, et l'opération de l'impression devra se faire en présence et sous la surveillance d'un ou deux employés de confiance de ladite direction.

» ART. 6. Aussitôt l'impression faite des timbres-poste, ils seront transportés par les susdits employés à la direction générale, où sera établi le dépôt central dans un coffre-fort muni de doubles clés confiées aux soins des deux employés qui seront responsables de la garde et de l'expédition.

» ART. 7. Tous les bureaux de poste devront toujours être fournis d'un dépôt de timbres-poste, afin que le public puisse s'en pourvoir, payant à ces bureaux le prix relatif.

» ART. 8. A cet effet, la direction générale des postes fera une remise de timbres-poste à chacune de ses directions et remplacera successivement les quantités vendues, par les mêmes, en raison des besoins.

» Lesdites directions devront fournir de timbres-poste les directions postales sous leur dépendance, confiant la fourniture des mêmes, pour ce qui concerne les distributions de première classe, aux distributeurs respectifs, et quant aux distributions de seconde classe, aux magistratures communales.

» ART. 9. La vente des timbres-poste est confiée aux bureaux de poste seulement et aux personnes autorisées spécialement par la direction générale. Pareille vente est donc défendue à toute autre personne ; les contrevenants seront assujettis aux mêmes peines déjà établies par le règlement sur le timbre de la Trésorerie générale du 29 décembre 1827, à l'article 282, pour la vente abusive du papier timbré.

»ART. 10. Ceux qui désirent faire usage de timbres-poste, doivent coller sur l'adresse des lettres ou paquets un ou plusieurs timbres-poste correspondant au montant de la taxe, conformément aux règlements en vigueur, eu égard au poids de la lettre ou du paquet et de sa destination.

» ART. 11. Tandis que l'apposition de timbres-poste est facultative, elle devient obligatoire lorsqu'ils sont destinés à représenter le payement du droit d'affranchissement, le timbre-poste remplaçant le payement de la taxe respective. Cependant, s'il survenait des doutes sur le juste montant des timbres-poste à apposer pour l'affranchissement des correspondances, on pourra s'en assurer auprès de l'employé des postes à ce destiné, afin qu'il n'arrive pas que, pour manque de justes applications des timbres-poste, les correspondances puissent rester en souffrance, ou bien soient sujettes à une augmentation de taxe à la charge du destinataire; le doute étant levé, la lettre ou paquet peut être jeté dans la boîte d'expédition.

» ART. 12. Si en plus de l'affranchissement on veut assurer la lettre ou paquet, l'expéditeur devra apposer d'autres timbres correspondant aux taxes déterminées par les tarifs en vigueur, qui existent dans les bureaux de poste, et, dans ce cas, on recevra quittance de la lettre ou du paquet assuré.

»ART. 13. Les bureaux de poste devront imprimer le timbre

d'annulation sur les timbres-poste apposés aux correspondances.

» ART. 14. Les employés chargés du dépôt des timbres-
poste, devront tenir compte du mouvement des timbres
dans un journal spécial et en donner à la fin de chaque
mois une exacte et claire décharge à la direction générale.
munie de documents réguliers. »

La suite de cet article et les suivants s'occupent
uniquement du service intérieur et n'offrent aucun
intérêt à être reproduits ici.

« ART. 18. Les dispositions du présent règlement auront
effet à partir du 21 septembre courant, et dès lors cesse-
ront d'avoir cours les timbres-poste actuellement en usage.
Il est fixé un terme de vingt jours pour que tous ceux qui
se trouvent en possession des timbres-poste actuels puissent les échanger aux bureaux de poste contre ceux de la
nouvelle émission.

» Le trésorier-général, ministre des finances,
» Giuseppe Ferrari. »

XXX

Emission du 21 septembre 1867.

La série des timbres de cette émission se compose de sept valeurs. Les types de l'émission précédente étant trouvés magnifiques, on se contenta de substituer la monnaie nouvelle à l'ancienne, en utilisant les clichés de certaines valeurs. C'est ainsi que le 2 bajocchi devint le 2 centesimi.

1/2	—	—	3	—
3	—	—	5	—
8	—	—	10	—

avec suppression des boules aux extrémités des clés, comme luxe inutile.

4	—	—	20	—
6	—	—	40	—
1	—	—	80	

L'impression de ces timbres est noire sur papier glacé, couché couleur : C'est le Prince Massimo qui eut le bon goût de les faire imprimer ainsi. A l'observation qu'on lui fit qu'il serait préférable d'en faire le tirage sur papier blanc, il répondit « que telle était sa décision ; qu'il n'admettait pas d'observation ; que les timbres seraient très-beaux ! : » Ils le sont en effet :

2 centesimi, vert-jaune.
3 — gris-rose, gris-vert.
5 — bleu.
10 — vermillon.
20 — rouge-foncé.
40 — jaune-clair.
80 — rose, rose-vif.

Les nouveaux clichés furent livrés par M. Montarsolo, fondeur en caractères typographiques. Les planches étaient composées de timbres séparés entre eux par deux filets, sauf pour le 80 c. qui n'en a pas quelquefois dans le sens vertical ; les clichés étaient mobiles pour le motif que nous avons fait connaître antérieurement.

X X X I

Emission de fin février 1868.

Semblables aux timbres précédents, avec le piquage 13. Ce piquage est fort mal exécuté et laisse souvent des intervalles non piqués :

2 centesimi, vert-jaune.

3	—	gris-rosé, gris-vert.
5	—	bleu, bleu-vif.
10	—	vermillon, rouge-vermillon.
20	—	rouge-foncé, solferino.
40	—	jaune-clair, jaune-foncé.
80	—	rose-pâle et vif.

Papier non glacé.

20 centesimi, amaranthe.

Les timbres dentelés et non dentelés présentent des variétés de ponctuation, savoir :

Aux 2 centesimi le chiffre n'est pas suivi d'un point, mais le mot *cent* se montre avec et sans ponctuation ; les autres valeurs ont un point après le chiffre et le mot *cent*. Il y a parfois absence de ponctuation aux 5, 10, 20 et 40 centesimi ; nous l'avons toujours rencontrée aux 80 centesimi.

Il se peut aussi que des timbres aient l'impression double face, c'est-à-dire avec l'impression retournée au verso. Ces variétés n'ont aucune valeur puisqu'elles ne sont dues qu'à un manque de prévoyance de la part de l'imprimeur, qui a placé des feuilles les unes sur les autres, lorsque le tirage en était encore frais, ce qui a amené des maculatures. On peut rencontrer ainsi toutes les valeurs.

Parmi les feuilles de la réserve il s'en trouvait qui n'étaient ni gommées, ni piquées, lorsque ces timbres furent supprimés. Nous avons ainsi :

10 centesimi, vermillon.
20   —   sollerino.

Ces timbres ne doivent pas être confondus avec ceux dont nous parlons plus loin.

C'est le 20 septembre 1870 que l'armée italienne fit son entrée à Rome : les États de l'Église cessèrent d'exister. En octobre, même année, les timbres du gouvernement papal furent supprimés et remplacés par ceux du royaume d'Italie.

Réimpressions. Il n'existe pas de réimpression *officielle* des timbres des États de l'Église. Le gouvernement Italien n'a jamais autorisé ni ordonné le tirage des anciens timbres, dont les clichés *n'ont pas été vendus.* Cependant une partie de ces clichés a dû prendre le chemin de Florence, on ne sait trop comment, car c'est de là que la spéculation d'un marchand nous envoie les réimpressions. Elles sont assez réussies et fort difficiles à reconnaître des timbres authentiques. Il y en a nécessairement de piquées et non piquées : ces dernières le plus souvent ne sont pas gommées :

a. Timbres non dentelés.

2 centesimi, vert-pâle.
3   —   gris.
5   —   bleu-vif.
10   rouge-vermillon.
20   —   amaranthe.
40   --   jaune-orange.
80   ---   rose très-pâle, rose-rouge.

Le même, tête bêche.

40 centesimi, jaune-orange.

Les mêmes, piqués 15.

2 centesimi, vert-jaune.
3   gris.
5   —   bleu.
10   --   vermillon, *non glacé.*
20   —   amaranthe, solferino, *glacé et non.*
0   ---   jaune-orange.
0   - -   rose-rouge, *non glacé.*

Il ne dépend que du marchand, puisqu'il a réussi à . . . obtenir des clichés, de faire imprimer les variétés qu'il veut.

XXXII

B. ESSAIS.

« En 1866, dit M. G. (*Timbre-Poste*, n° 40), les projets étrangers n'ont pas manqué, mais ils seront certainement repoussés...... »

Nous ne savons où M. G. a pris ses informations, mais malgré toutes les recherches que nous avons faites pour retrouver des propositions ou des projets, il nous a été impossible d'en découvrir la moindre trace.

Nous mentionnerons donc à titre de curiosité, les essais que l'on connaît :

En 1864, dit-on, M. Joseph Re..., employé des postes italiennes, l'auteur de tant d'essais italiens, qui finit par emporter une somme de 40,000 fr. environ à l'administration qui l'employait, proposa des timbres aux armoiries du Pape Pie IX, avec la tiare et les clés au-dessus de l'écu.

Il y en a trois types, tous en relief et ne différant que par le cadre.

Le 1er *type* reproduit ici a été imprimé dans les couleurs suivantes :

5 baj., bleu,   centre orange.
5 — bleu-pâle,   —   jaune.
5 — vert,   —   —
5 — lilas,   —   vert.
5 — jaune,   —   —
5 —   —   —   bleu.
5 — vert,   —   lilas.

2e *type*. Le même, mais lettres beaucoup plus petites.

5 baj., vert-clair, vert-foncé, rose, orange.
5 — lilas, centre jaune.
5 — vert,   —   carmin.
5 — bleu,   —   orange.
5 — carmin — jaune.

Le 3e *type* a les lettres en couleur sur fond blanc et le cadre intérieur festonné ; aux quatre angles un petit ornement.

10 baj., vert, vert-foncé, carmin, bleu, bleu-foncé, jaune,
                                jaune-foncé, orange.
10 — bleu,   centre jaune.
10 — bleu-foncé,   — jaune-foncé.
10 — bleu,   — rose.
10 — lilas,   — vert.

10 baj., vert.   centre lilas.
19 — carmin,   — jaune.
10 — bleu,   — vert.

Un essai sur lequel nous n'avons aucun renseignement, porte les armoiries du pape, clés surmontées de la tiare dans un double ovale à fond ligné horizontalement et l'inscription en lettres blanches : *Franco Bollo Postale — Otto Baj.*; dans les angles, entre le cadre et l'ovale, un écu surmonté de la croix et contenant le chiffre de la valeur.

Gravé en taille-douce et imprimé en couleur sur papier blanc :

8 baj., bleu-pâle.

En 1867, un graveur, nommé Delpierre, fit paraître l'essai ci-contre gravé en taille-douce et ne portant aucune valeur : en haut la tiare et les clés; sur une banderole : *franco bollo postale* : au centre, est l'effigie de Pie IX, dans un cercle ; en bas, à gauche, le nom du graveur.

Il en a été imprimé :

1º sur carton blanc, dans les couleurs suivantes :
Bistre, carmin, bleu, vert, noir, mauve.

2º sur papier de chine.
Bistre, carmin, bleu, vert, noir, mauve.

 En 1870, nous trouvons annoncé au *Timbre-Poste*, nº 91, le timbre ci-contre, que son directeur dit avoir reçu de S. A. R. le comte de T.

Le type représente deux anges supportant la tiare et les clés, dans un cadre octogone. Il ne s'y trouve aucune inscription, ni valeur.

Gravé et imprimé sur papier de chine.

Sans valeur, noir.

En 1876, surgissent tout à coup des essais de l'émission 1867, dont il n'y avait, disait-on, que deux feuilles imprimées spécialement pour un des neveux du cardinal Antonelli. C'est ce qu'affirmait le comte B., bien connu, trop connu. Or, ce tirage était de fantaisie et provenait du compère M.U. de Florence (voir réimpressions).

Nous savons qu'il a été imprimé des

2, 3, 5, 10, 20, 40, 80 centesimi

en noir sur papier glacé vert-foncé, azur, blanc, solférino.

Chaque série était imprimée sur un feuillet séparé: reste à savoir s'il y aura des amateurs pour se laisser duper.

FIN

TABLE DES MATIÈRES

SAINT-MARIN.

ÉGLISE.

Brux. — Imp. J. Sannes, 7, rue Montagne des Aveugles